# LA

# CATHÉDRALE DE SÉEZ

## (ORNE)

PAR

## V. RUPRICH-ROBERT

ARCHITECTE DU GOUVERNEMENT

## PARIS

V<sup>ve</sup>. A. MOREL ET C<sup>ie</sup>, ÉDITEURS

DES FOSSEZ ET C<sup>ie</sup>, SUCCESSEURS

13, RUE BONAPARTE, 13

—

1885

LA

# CATHÉDRALE DE SÉEZ

(ORNE)

12216. — PARIS, IMPRIMERIE A. LAHURE

9, rue de Fleurus

# LA
# CATHÉDRALE DE SÉEZ

(ORNE)

PAR

## V. RUPRICH-ROBERT

ARCHITECTE DU GOUVERNEMENT

PARIS

Vᵛᵉ A. MOREL ET Cⁱᵉ, ÉDITEURS

DES FOSSEZ ET Cⁱᵉ, SUCCESSEURS

13, RUE BONAPARTE, 13

—

1885

# LA CATHÉDRALE DE SÉEZ

## (ORNE)

PAR **V. RUPRICH-ROBERT**, ARCHITECTE DU GOUVERNEMENT.

Le 12 mars 1849, le ministre de l'Instruction publique et des cultes, demandait aux architectes diocésains, nouvellement entrés en fonctions, un rapport général sur l'état des monuments qui leur étaient confiés, sur leur histoire et leurs besoins. Chargé alors de la cathédrale de Séez (Orne), nous lui adressâmes ce rapport le 1er septembre de la même année.

Depuis cette époque, la cathédrale a subi des restaurations très importantes. Il nous a paru qu'il ne serait pas sans intérêt de publier une grande partie de ce rapport, malgré sa date déjà ancienne.

Les deux transepts ont été repris en sous-œuvre et restaurés; des pignons et des clochetons, jadis détruits, en ont complété l'ensemble; le chœur a été démoli. Il est en reconstruction : la partie centrale et la chapelle de la Vierge sont réédifiées et couvertes; il reste à reconstruire les quatre chapelles rayonnantes dont les fondations du côté du sud sont terminées. On y emploie la plupart des anciennes sculptures; l'architecture primitive a été religieusement respectée; à l'exception d'une adjonction faite à la chapelle de la Vierge, allongée d'une travée, la reproduction sera identique. Les fondations nouvelles ont dû descendre, en certains endroits, jusqu'à 8 mètres de profondeur.

En comparant l'état actuel de la cathédrale de Séez avec les descriptions contenues dans le rapport suivant, on pourra se rendre compte de l'importance des restaurations opérées et de l'intérêt que présente ce monument.

Mars 1885.

# EXTRAIT DU RAPPORT

ADRESSÉ

## A M. LE MINISTRE DE L'INSTRUCTION PUBLIQUE
### ET DES CULTES

SELON LES NOUVELLES INSTRUCTIONS, EN DATE DU 12 MARS 1849

## I

### DESCRIPTION SOMMAIRE DES CONSTRUCTIONS

L'église cathédrale de Séez a la forme d'une croix latine. Sa longueur totale dans œuvre est de 83$^m$,60, la largeur de la nef est de 9$^m$,10 et de 21$^m$,55 y compris les collatéraux. La hauteur jusqu'à la clef est de 24 mètres, celle des bas côtés est de 12 mètres.

La façade occidentale est ornée d'un porche dans toute son étendue ; ce porche en saillie sur la façade est divisé en trois parties correspondant chacune avec la disposition intérieure de la nef et des bas côtés. Au milieu, un portail principal subdivisé par un meneau donne accès dans la nef ; des deux côtés, deux portails plus petits donnaient entrée aussi dans les bas côtés. Au-dessus du portail principal, il existe deux étages de galeries superposées : la galerie inférieure est percée de trois fenêtres qui éclairent la tribune de l'orgue. Celle au-dessus, qui termine la façade, est subdivisée par cinq arcatures principales où s'abritaient autrefois quatre statues de grande dimension. Les deux clochers qui s'élèvent au-dessus des petits portails n'étaient pas de même hauteur : celui du nord était le plus élevé ; aujourd'hui les flèches sont reconstruites semblablement, la hauteur totale depuis le sol est de 74 mètres. Les deux tours, jadis ouvertes dans toute leur hauteur, sont murées jusqu'au niveau de la première galerie ; quant à l'étage supérieur, il dépasse la seconde galerie de plusieurs mètres : c'est là qu'est située la balustrade de .couronnement d'où s'élèvent les deux flèches en pierre qui sont très élancées.

La nef se compose de six travées. Au-dessus des arcades principales règne un triforium ayant en profondeur l'épaisseur du mur; il est couronné par une zone de grandes fenêtres, dont les anciens vitraux ont été détruits. Les bas côtés, sans chapelles, sont ornés d'ouvertures du même genre, sans vitraux de couleur également, et reposant sur un soubassement décoré d'arcatures et de colonnettes. Ils diffèrent de largeur entre eux : celui du sud a 3$^m$,85, celui du nord 3$^m$,53.

Le transept est orné dans le genre des bas côtés de la nef, c'est-à-dire que les murs sont revêtus d'arcatures supportées par des nervures très élancées. Deux roses fort riches et de grande dimension, dans lesquelles il reste encore quelques fragments de vitraux informes, en décorent les extrémités. Au-dessous de la rose du nord est la porte d'entrée de la sacristie des messes, construction moderne.

Le chœur se compose de neuf travées dans son pourtour, dont cinq sur plan circulaire; une disposition analogue à celle de la nef, mais plus riche, se retrouve dans la décoration : au-dessus des arcades, un triforium, et plus haut des verrières assez bien conservées, terminent cet ensemble qui produit, vu de la nef, un effet très remarquable. Le collatéral se prolonge autour du chœur; les deux premières travées sont droites; dans celle qui touche le transept nord on a ménagé une chapelle ouverte sur ce dernier et sur le bas côté; c'est au midi, et sur le point correspondant, que se trouve la sacristie des chantres, construite il y a peu d'années. Le bas côté devient ensuite circulaire et donne accès à cinq chapelles rayonnantes; quelques vitraux incomplets sont encore épars dans ces chapelles.

Telle est la disposition générale de l'édifice. J'aurai à ajouter, dans la suite de ce rapport, une description plus détaillée des parties remarquables; l'occasion s'en présentera naturellement lorsque je m'occuperai des nombreuses mutilations qu'il a eu à subir.

II

ÉPOQUE DE LA FONDATION. — CONSTRUCTIONS SUCCESSIVES.

La première donnée que l'on possède relativement à la fondation de la cathédrale de Séez remonte au cinquième siècle. Ce fut, d'aprè l'abbé Lebailly, saint Latuin ou saint Lain, premier évêque de Séez, qui en jeta les fondements sous l'invocation de la sainte Vierge. Mais avant de s'occuper des premiers temps de l'édifice chrétien, il est intéressant, à cause des découvertes faites successivement dans les fouilles pratiquées sous ses murs, de constater aussi l'existence des constructions qui l'ont précédé et leur degré d'importance.

La ville de Séez a dû être beaucoup plus considérable qu'aujourd'hui, puisqu'elle occupait du temps d'Honorius, au quatrième siècle, le quatrième rang parmi les six anciennes cités qui dépendaient de la métropole de Rouen. Suivant certains auteurs, elle a été très fortifiée. Les Saxons qui vinrent s'établir sur les côtes de l'Armorique bâtirent *Sagiam*, du nom de *Saxia* leur patrie. César la place dans la Gaule celtique et range les habitants parmi les Armoricains. Elle s'appela dans la suite *Civitas Sagii*, puis enfin *Sagium*. Les objets que l'on retrouve dans le sol et à toutes les profondeurs viennent appuyer fortement les diverses assertions relatives à l'ancien établissement des Romains.

Lorsqu'on entreprit, en 1817, la restauration ou plutôt la reconstruction des contreforts du clocher et de la nef, du côté du nord, on retrouva une grande quantité de médailles de Trajan, d'Adrien, de Marc-Aurèle, d'Antonin le Pieux, de Faustine, de Titus et de Vespasien. Un grand nombre de médailles d'or des quatrième et cinquième siècles furent retrouvées dans les environs au nom de Valentinius, de Sévère, de Zénon et d'Honorius, toutes frappées à Constantinople.

Des débris d'ossements, de coquilles, de tuiles romaines, jonchent le sol; une de ces dernières a été conservée dans le bureau de l'agence des travaux ainsi que d'autres objets divers, parmi lesquels un modillon à moulures, en terre cuite, d'environ 15 centimètres de saillie; il porte un sellement de 20 centimètres, en tout 35 centimètres de longueur; on trouve encore quelques débris de poteries, des défenses de sanglier, etc.

Mais ce qu'il y a de plus remarquable, ce sont les restes d'un ancien temple, probablement renversé lors de l'établissement du christianisme dans cette contrée. Plusieurs tambours de colonnes, cannelés, le plus grand ayant 86 centimètres de diamètre, et les restes d'un chapiteau qui provient de l'une de ces colonnes, furent découverts en 1846 en fouillant au pied de l'un des contreforts de la nef au sud, lorsque l'on s'occupait de la restauration. Je joins ici un dessin de ces débris qui en dira plus qu'une description. Il est facile de voir que le temple romain était d'une grande dimension : les colonnes devaient avoir, si le tambour de 86 centimètres était celui le plus près de la base, 8$^m$,60 de hauteur ; l'ensemble du temple, en lui supposant un soubassement de 2 mètres, pouvait être de 13 mètres environ depuis le sol jusqu'à la corniche. Ces fragments sont en pierre de *Chailloué*[1], la même qui a servi à construire la cathédrale.

Les quelques auteurs qui ont parlé de la ville de Séez ne donnent aucun renseignement sur les constructions qui ont précédé le cinquième siècle ; il faut donc revenir à l'année 440, où saint Latuin vint fonder la cathédrale. Elle subsista dans son état primitif l'espace de cinq cent cinquante ans, c'est-à-dire jusqu'au temps d'Azon, en 986 ; il est vrai qu'elle fut brûlée par les Normands en 878, mais il paraît qu'elle ne le fut pas complètement, puisque Hildebrand II, vingt-sixième évêque, y fut enterré en 910. Azon, successeur d'Hildebrand, la fit reconstruire des débris de l'ancienne et des fortifications de la ville, sous l'invocation de saint Gervais et saint Protais.

En 1048 les trois fils du seigneur Guillaume Soreng, après avoir ravagé le pays, s'emparèrent de la ville et de la cathédrale qu'ils souillèrent de mille abominations, dit la chronique. Yves de Belesme, alors évêque, irrité de ces énormités, voulut employer tous les moyens pour chasser les impies ; il n'hésita pas à mettre le feu aux maisons voisines qu'habitait l'ennemi, mais la violence de l'incendie ne cessa qu'après la destruction de l'église qui n'était construite qu'en bois. Les frères Soreng s'échappèrent à la faveur du tumulte, mais ils périrent misérablement dans la suite. Le 2 janvier suivant, l'évêque fit la dédicace de son église qu'il avait fait réparer, mais elle avait tellement souffert qu'elle ne tarda pas à crouler sous le poids des nouvelles constructions.

Yves cependant reçut du pape Léon les remontrances les plus sévères pour s'être laissé aller à de semblables extrémités, et fut condamné, au concile de Reims, à rebâtir la cathédrale à ses frais. Il éprouva d'abord quelques difficultés, mais il reçut ensuite des secours de ses parents et de l'empereur de Constantinople. Il jeta enfin les fondements d'un nouvel édifice en 1053 ; ce ne fut, d'après Orderic Vital, que sous Jean I$^{er}$, le 19 mars 1126, qu'il fut consacré

---

1. Chailloué est situé à environ huit kilomètres de Séez.

et dédié aux saints martyrs Gervais et Protais ; c'est l'édifice, suivant plusieurs historiens, que nous avons aujourd'hui sous les yeux.

Il y a ici probablement une inexactitude, non dans le sens des faits, mais dans l'opinion émise, car il paraît bien évident, au caractère de l'architecture, que les parties les plus anciennes ne peuvent être réellement de 1053. On peut supposer tout au plus que les travaux ont été suspendus pendant bien des années, dès le commencement, pour être repris peut-être quelque temps avant 1126, et encore faudrait-il n'admettre, comme construction de l'époque dont il est question, que la partie antérieure du vaisseau, c'est-à-dire la nef, ce qui est absolument discutable. Le transept, le chœur et les chapelles ne peuvent s'accorder avec cette supposition ; leur caractère indique très bien l'art du quatorzième siècle. Le porche de la façade est une magnifique conception du treizième siècle, et les autres parties de l'édifice n'ont pas dû précéder de longtemps sa construction [1].

Il faut remarquer qu'il existe un silence presque absolu après l'époque citée (1126) chez les auteurs qui ont donné les renseignements les plus importants sur la cathédrale, Orderic Vital et Guillaume de Jumièges ; il est cependant impossible d'admettre que tout ce que nous voyons ait été terminé à cette époque. L'histoire prouve ce qui a eu lieu jusque-là et non ce qui arriva dans la suite ; et l'on sait cependant que de graves événements surgirent plus tard : les Sagiens soutinrent en 1150 un siège contre Louis le Jeune et un autre contre le fils du roi d'Angleterre, en 1174 ; l'édifice échappa-t-il sain et sauf à ces bouleversements ?

De Marigny, ancien curé de Goulet, près d'Argentan, dans son histoire des évêques de Séez, parle d'une ancienne épitaphe qui se trouve sur une tombe d'airain dans le chœur de la cathédrale et dont voici le texte :

*Hic jacet Johannes dictus de Berneria, quondam episcopus Sagiensis, prudens, modestus, gratiosus, œdificator ecclesiæ Sagiensis et ejus ju-*

---

1. Pour restaurer le transept du nord, nous avons dû démolir une sacristie moderne qui cachait une façade romane appartenant au transept de la cathédrale primitive (1126) ; elle avait été conservée en partie au quatorzième siècle et avait reçu la surélévation et la belle rosace qu'on voit aujourd'hui. Ces restes romans étaient brûlés et tombaient en poussière : il était temps de les remplacer par un nouveau point d'appui. On voit encore dans le comble des traces de la même époque, à la rencontre de la nef et des transepts. Le gros pilier du sud-est, entre nef et transept, doit contenir des restes de l'ancien escalier roman.

*rium defensor, qui obiit die Jovis in Cœna Domini, videlicet*
18 *maii* 1293.

Or, Jean de Bernières, qui mourut en 1293, était, suivant M. Dorville, évêque en 1283, puisqu'il reconnut à cette époque la bulle de Martin IV pour l'abbaye de Saint-Martin de Séez [1] ; il resta donc au moins une dizaine d'années à l'épiscopat et put entreprendre des travaux importants sinon une reconstruction complète. Cette inscription doit compter pour quelque chose dans l'histoire de la cathédrale, d'autant plus qu'elle semble se rapporter au style de l'architecture existante. Le maître-autel, consacré en 1300 par Philippe le Boulanger, quarante-sixième évêque, dont il est question dans l'ouvrage de M. Dorville, page 139, et dans les *Cathédrales de France*, page 178, était sans doute celui qu'on éleva dans la nouvelle construction faite par Jean de Bernières. Je laisserai aux historiens le soin d'éclaircir ce point et m'appuierai néanmoins sur ces renseignements, comme aussi sur l'opinion de plusieurs archéologues éminents, parmi lesquels M. de Caumont et M. de la Sicotière, pour déterminer l'âge du monument qui nous occupe, ce que je ferai quelques pages plus loin.

Nous voici toutefois arrivés au moment où la cathédrale d'aujourd'hui est édifiée ; il est à propos, il me semble, de donner une idée de ses fondations, car si des travaux importants ont encore été exécutés dans la suite, ce n'a été qu'à titre de réparation, conséquence forcée du mauvais état des fondations premières. J'ai dû m'assurer de cet état afin d'en rendre un compte précis et de pouvoir étudier plus sûrement les projets de restauration que plus tard M. le ministre des cultes pourra me demander. J'ai donc fait faire une fouille au transept sud au pied du contrefort à gauche et une autre autour d'une chapelle du chœur vers le midi ; elles ont produit à peu près le même résultat.

Le sol vierge est en moyenne à 5 mètres de profondeur ; c'est un sable compact et dur sur lequel les constructions romaines étaient assises ; il existe au-dessus de ce sol environ 50 centimètres de terres rapportées dans lesquelles on trouve les débris de tuile, de poteries et d'ossements dont j'ai parlé plus haut ; il n'y a pas de constructions. Vient ensuite une couche d'environ 80 centimètres de hauteur, en terre rougeâtre contenant des pierres calcinées, des bois

---

1. Ce qui cependant serait contraire au catalogue des évêques qui assigne son élection à l'an 1290.

brûlés, etc., indiquant parfaitement la présence d'un violent incendie; c'est sans doute le premier, celui de 878. La reconstruction du nouvel édifice apporta ensuite 70 centimètres de nouvelles terres mêlées de débris de maçonnerie au-dessus desquelles règne une seconde couche de 60 centimètres de hauteur en terre rougeâtre, comme la première, et qui contient également des pierres brûlées et du charbon ; ce second incendie a dû être terrible, à en juger par la pierre qui tombe en cendres et par la couche noirâtre et humide qui recouvre ces débris; c'est l'incendie de 1048. Enfin il existe au-dessus de ces témoins irrécusables environ $2^m,30$ de terres mêlées et de débris de pierres qu'aura produits la construction actuelle. Les murs de l'édifice ne descendent en terre par certains endroits que de quelques décimètres, ailleurs ils descendent plus bas et s'arrêtent sur de vieux murs qu'ils rencontrent et dont la direction est différente ; ce sont des débris de fondation des édifices qui ont précédé ; dans d'autres parties encore les nouveaux murs, n'ayant pas de point d'appui, sont retenus par des arcs de décharge venant buter contre la terre mouvante. Il y a quelque chose de véritablement pénible à voir la magnifique architecture qui s'élève au-dessus d'un pareil chaos ; elle a souffert considérablement, et il faut s'étonner plutôt de pouvoir encore l'admirer debout sur ces ruines, que de la voir lézardée comme elle l'est depuis le sol jusqu'à son couronnement.

Dès les premiers temps de son existence, le monument a dû subir des épreuves contraires à sa stabilité, mais des circonstances d'une autre nature sont encore venues accroître la gravité du mal. Les revenus de cette église, dit l'abbé Lebailly, n'étaient en 1405, sous l'épiscopat de Pierre de Beaublé, que de 9 livres 17 sous 6 deniers tournoi, et ses rentes en nature, de 9 livres de cire chacune, estimée à 2 sous 11 deniers, ce qui donnait un total de 11 livres 3 sous et 9 deniers, moins de 100 francs d'aujourd'hui. Ce modique revenu ne pouvait suffire à l'entretien de la cathédrale; plus tard, le trésor consistant en 10 000 livres tournoi avait été pillé et enlevé. Vers 1450, l'édifice était dans un tel état qu'on n'osait plus y entrer sans crainte d'y être écrasé. Les assauts qu'il avait soutenus, et le séjour qu'y faisaient pendant la guerre les bourgeois et les habitants de Séez l'avaient complètement dégradé. Les voûtes du chœur [1], un bout du croisillon et le gros clocher menaçaient de

---

1. Elles n'existaient plus au siècle dernier. Elles avaient été remplacées par des voûtes en mortier sur lattis.

crouler ; c'est alors que Jean de Pérouse, cinquante-sixième évêque, érigea une confrérie en l'honneur des deux saints patrons de l'église : il établit trois taxes différentes pour les riches, les gens aisés et les pauvres, et accorda aux fidèles qui en faisaient partie des grâces pour la rémission de leurs péchés. Cette confrérie rapporta, en 1529, 470 livres ; malheureusement le zèle des confrères se ralentit et l'édifice devint encore le théâtre de violations nouvelles : les gens de l'amiral de Coligny le pillèrent et enlevèrent le plomb des couvertures ; en 1563, d'après un procès-verbal de l'année 1568 conservé à la bibliothèque d'Alençon, un bûcher fut allumé par les calvinistes dans l'église, où l'on y jeta une grande partie des titres du chapitre et le corps de saint Gérard, évêque de Séez, arraché de sa châsse d'argent.

En 1571, on s'occupa de quelques réparations. M. de Pontcarré, à son avènement en 1614, fit faire la chaire actuelle sur laquelle on reconnaît encore ses armoiries, effacées en 1793 lorsqu'elle devint la chaire de la *Raison*[1]. Vers 1637, il restaura la voûte de la chapelle de la Vierge et renouvela la charpente des autres chapelles ; il fit réparer le grand clocher (alors celui du nord) sur lequel la foudre était tombée deux fois précédemment.

M. de Médavy, en 1664, fut obligé, par arrêt du parlement, de faire abattre la pyramide qui était sur le chœur et substitua à la place un dôme en charpente que plus tard on remplaça par un petit obélisque que l'on voit encore aujourd'hui[2].

Cependant l'état de l'édifice devenait de jour en jour plus inquiétant, car, suivant deux évêques d'alors, « la cathédrale était en si mauvais état qu'il pleuvait sur le célébrant et les chanoines, en sorte qu'on les avait vus souvent quitter le service divin ». Une expertise fut faite pour constater l'état du monument et en faire tomber les réparations à la charge de M. Turgot, héritier de Mgr Turgot, lequel mourut en 1728. L'auteur d'un livre imprimé en 1775 et intitulé : *Mémoire pour servir à l'histoire de la cathédrale de Séez*, s'exprime ainsi sur ce sujet : « Les parties prirent pour experts les sieurs de la Prise, de Falaise, et Moissard (Moussard probablement) de Bayeux[3], qui prêtèrent serment le 7 août 1741. Les

1. Ne pouvant plus servir, elle a été emmagasinée dans le grand comble de la nef.

2. En mauvais état, et d'une forme absolument bizarre, il a été supprimé vers 1854.

3. L'auteur, sans doute, de la coupole de la tour centrale de cette

experts remarquèrent que la façade de ladite église vers le couchant était composée d'un porche ou portique à trois arcades, dont
celle du milieu formant la principale entrée de l'église; que la
voûte de celui-ci, les deux nervures des arêtiers étaient tombées
depuis longtemps sans qu'il parût que rien eût souffert, n'étant pas
liées avec ladite voûte, ce qui faisait que la réparation était *inutile*;
qu'auxdites trois arcades, à leurs piliers et aux attiques qui sont
au-dessus d'icelles, il manquait plusieurs petits ornements, comme
cylindres, nervures, moulures, figurines et autres ornements, qui
sont éclatés et mutilés par la vétusté, dont la réparation est *très
inutile*, qu'une partie des trèfles au haut de la porte d'entrée du
côté du midi s'est un peu abaissée sans que l'arc supérieur en ait
souffert; que tous les ornements ci-dessus *étaient inutiles* à la solidité de l'édifice et *étaient la plupart ridicules*. »

« Que le devant du portique était clos par une espèce de balustrade
de pierre, autrefois à jour et remplie depuis longtemps de maçonnerie de moellons, à laquelle balustrade il manquait, dès avant
qu'elle fût remplie, quatre montants ou balustres dont la réparation *était inutile* [1]. »

« Les experts visitèrent les piliers qui sont à gauche de la nef, à
l'entrée du chœur, qu'ils trouvèrent en bon état; ils remarquèrent
néanmoins que les piliers surplombaient un peu au dehors vers
leur extrémité, ce qu'ils reconnurent être un défaut de construction, parce que tous ces piliers se seraient entr'ouverts en quelques
assises, si les voûtes les avaient poussés, et ces mêmes voûtes, en
faisant écarter les piliers, se seraient affaissées et fendues, à l'intrados vers la clef, ce qui n'est nullement arrivé : ce qui fait conclure que les piliers butants extérieurs ne surplombent pareillement que par un défaut de construction : ce qui fait preuve que cet
édifice durera encore plusieurs siècles. »

Je citerai encore le passage suivant, qui peut intéresser à cause
du jubé primitif :

« Le douzième d'août, ces experts firent la visite de la tribune ou
jubé de l'église cathédrale, lequel comprenait en sa longueur toute
la largeur intérieure d'icelle ; ils remarquèrent qu'il était soutenu
par huit pilastres isolés sur l'angle avec leurs chapiteaux, arcs et

cathédrale, coupole démolie en 1855, à cause des parties basses qui
menaçaient une ruine imminente.

1. Cette balustrade dut disparaître peu de temps après.

nervures gothiques, et par plusieurs autres pilastres ronds, vers le
chœur, terminés au-dessus de la voûte et parements, avec balustres
et mur d'appui, lequel est en aussi bonne réparation que ce puisse
être; que néanmoins les quatre piliers vers la nef et les trois piliers
vers le chœur sont hors de leur aplomb, menaçant ruine, et seraient tombés sans les ferrures qui les retiennent, ce qui rend ce
jubé peu solide par la vétusté et mauvaise qualité de quelques-uns
de ses matériaux; à joindre que des portions inégales de ses voûtes
étaient appuyées contre les deux piliers de la nef et les poussant,
pourraient dans la suite les déranger et endommager cette partie
de la nef; ce qui fait qu'il conviendrait de le supprimer. »

L'auteur ajoute qu'on célébrait quelquefois des messes pour des
donataires aux autels qui existaient sous le jubé.

Les conclusions du procès-verbal qui précède reçurent leur exécution sous l'épiscopat de Louis-François Néel de Christot, qui fit
démolir l'ancien jubé et le remplaça par deux autres pour l'épître
et l'évangile, en 1744. On ne peut juger aujourd'hui de la place
qu'occupait le jubé primitif [1]; quant à ces deux derniers, les traces
de leur emplacement se voient parfaitement sur les deux colonnes
de la nef qui précèdent les deux piles de la croisée : un vieux plan
de la cathédrale, dressé par François Larchet en 1718, et que j'ai
entre les mains, indique aussi très bien leur disposition comme
aussi celle des stalles qui allaient depuis le jubé jusqu'aux deux
autres piles de la croisée près du chœur, et la sacristie [2] que Néel
de Christot permit d'établir dans le transept du nord. Il est à pré-
sumer, quoiqu'il n'existe pas de données certaines sur la date de
l'exécution des stalles, qu'elles ont été faites par les soins du
même prélat, ou au moins que les modifications qu'elles ont eu à
subir de son temps suivirent de près leur premier établissement.
Toutefois, sans être fort remarquables, elles sont riches en sculptures et devaient produire alors un bel ensemble [3]. En 1746 « le
même évêque fit remplacer tout autour de l'arrière-chœur actuel,
autrefois le sanctuaire, de vieilles balustrades en bois par de très
belles grilles en fer », comme il est dit dans l'ouvrage que je viens
de citer plus haut.

1. Il est probable cependant que les nouveaux jubés furent mis à la
place de l'ancien.

2. Aujourd'hui supprimée.

3. Ces stalles ont été déposées provisoirement, pendant le temps des
travaux actuels, dans les combles du palais épiscopal.

Plus tard, en 1755, le clocher du sud de la cathédrale s'étant trouvé endommagé, il fut fait un marché entre l'évêque et des entrepreneurs de Bayeux pour en rétablir à neuf le sommet sur une hauteur d'environ 15 pieds et restaurer la partie au-dessous qui pourrait avoir souffert, le tout pour la somme de quinze cents livres.

M. Duplessis d'Argentré succéda à M. Néel de Christot le 8 septembre 1755; il acheva quelques travaux qu'avait commencés son prédécesseur; il fit refaire à neuf la charpente de la cathédrale, changea le chœur complètement, c'est-à-dire qu'il reporta les stalles dans l'abside, fit refaire au centre de la croisée l'autel en marbre blanc et bleu turquin orné de cuivres, que l'on voit aujourd'hui, et revêtit en marbres semblables les quatre piliers du transept; un grand luxe fut déployé dans l'exécution des balustrades, des marches et du pavage à compartiments, de marbre aussi, qui entourent le maître-autel; il fit placer un bas-relief très beau de composition et d'exécution sur la face de l'autel du côté du chœur; ce bas-relief fut exécuté, en marbre, par M. Dumont, en 1784, et représente l'extraction des reliques de saint Gervais et saint Protais. Un autre bas-relief, de même dimension, mais en cuivre, décore la face opposée du côté de la nef [1].

Les voûtes du chœur, qui depuis longtemps menaçaient ruine, furent probablement refaites à cette époque; on employa le bois pour remplacer la pierre, à cause de l'écartement des murs et des tassements inégaux qui s'étaient manifestés.

La révolution de 1793 arriva bientôt et fut pour la cathédrale de Séez comme pour tant d'autres édifices religieux une nouvelle période de calamités. Aux mutilations des hommes succéda l'oubli complet et elle souffrit encore immensément jusqu'en 1817, où l'on songea enfin sérieusement à l'empêcher de crouler. Les travaux qui ont été faits depuis cette époque étant de restauration moderne, je me réserve d'en parler dans la suite.

1. Je l'ai fait estamper et reproduire en bronze pour le maître-autel de l'église du Val-de-Grâce, à Paris.

## III

ÉTAT ACTUEL DES CONSTRUCTIONS. — ACCIDENTS. — MODIFICATIONS. MUTILATIONS.

D'après les documents historiques qui précèdent, l'âge du monument que nous avons sous les yeux ne paraît pas bien déterminé. Plusieurs des auteurs qui en ont parlé nous le représentent dans son entier comme une œuvre de 1053 qui aurait été parachevée en 1126.

Bien que les notes que j'ai fournies ne donnent pas de preuves irrécusables contre cette assertion, je suis disposé à ranger la cathédrale de Séez parmi les monuments du treizième siècle, une grande partie même de l'édifice ne doit être que du quatorzième siècle. Il est vrai que dans la nef les travées sont supportées par de grosses colonnes, comme il arrive au douzième siècle dans quelques monuments normands, que les ogives s'élargissent graduellement jusqu'à devenir presque plein cintre vers le transept, disposition commandée par la largeur des travées qui varie de la sorte; c'est la seule chose du reste qui rappelle une époque de transition, car tous les détails de l'ornementation portent l'empreinte du treizième siècle : dans les collatéraux, les retombées des voûtes sont supportées par cinq colonnettes ou nervures réunies couronnées par de jolis chapiteaux à tailloir carré, arrondi ou à pans coupés; les fenêtres prennent dans les bas côtés et la nef presque toute la largeur des travées, et sont garnies par deux et quelquefois trois divisions en lancettes avec colonnettes et chapiteaux; la galerie du triforium, composée également de trois arcades principales en tierspoint, est supportée par deux points d'appui ornés de colonnettes accouplées à chapiteaux très fouillés; chaque ogive en contient deux autres supportées de la même façon ; les tympans des grands arcs de la nef sont ornés de deux trèfles et d'une rose à six lobes très découpés; dans la petite frise au-dessus, et dans celle à la naissance des voûtes, on remarque une ornementation continue de petits quatre-feuilles, tous indices d'une architecture postérieure à 1126.

Dans les trois portails de la façade occidentale, on a déployé une magnificence rare, soit en sculpture, en peinture ou en statuaire.

Le grand portail, subdivisé par un meneau qui portait la statue de la sainte Vierge [1], est décoré de deux rangs d'arcatures trilobées, l'un formant un soubassement et l'autre plus élevé ayant reçu jadis douze figures nimbées de grandeur naturelle, surmontées chacune de dais aujourd'hui brisés. Les ogives au-dessus étaient sans doute habitées par des légions célestes séparées aussi par des supports formant dais tout à la fois. Les deux portes, dont le haut se termine par deux trilobes sont surmontées d'un tympan où l'on aperçoit encore deux bas-reliefs superposés qui ont dû être de la plus grande beauté ; sur celui du bas on voit les deux sarcophages de saint Gervais et de saint Protais, sur lesquels ces saints étaient couchés. Ils sont entourés d'anges. Dans le bas-relief supérieur on reconnaît le couronnement de la Vierge Marie auquel assiste la colombe ou Saint-Esprit. Les deux petits portails, sans statues, sont décorés ainsi que le grand de la végétation la plus abondante, de branches de vignes ; des feuilles, des graines, des fruits, des oiseaux de toute espèce, se détachent presque complètement des fonds qui les soutiennent et produisent l'aspect le plus merveilleux. Cette riche sculpture était dans tout le porche recouverte des tons les plus brillants, que l'on aperçoit encore. On conçoit aisément qu'avec tant de luxe ce portail ait passé jadis, comme il est dit au mandement de Jean de Pérouse, évêque en 1452, pour un des plus beaux portails du royaume (notabilioribus).

Les parties supérieures de la façade pour tous leurs détails semblent appartenir comme le porche au treizième siècle.

Quant à la partie postérieure de l'édifice, c'est-à-dire le transept et le chevet, elle a dû être construite vers le commencement du quatorzième siècle. Dans le chœur, les moulures des archivoltes sont surmontées de pinacles ornés de crochets très découpés et de figurines ; la galerie du triforium est formée d'arcs trilobés ainsi que le mur du fond qui l'éclaire. Il y a une certaine maigreur dans les moulures et les ornements qu'on ne retrouve pas dans la nef ; plusieurs chapiteaux sont à deux rangs de feuilles isolées. L'extérieur de l'abside et du transept répond complètement par ses détails à l'intérieur du chœur ; on peut en juger principalement par les clochetons des plus anciens contreforts ; la corniche de l'édifice se compose d'une frise ornée de quatre-feuilles surmontée d'une

---

1. On en voit la tête dans le petit musée que nous avons établi près de notre bureau. Elle a été retrouvée dans une maison de la ville.

gorge garnie de grosses feuilles isolées; il existe dans cette corniche à l'angle de la nef et du transept un manque de raccordement qui indique la reprise des travaux après leur suspension [1].

Deux grandes divisions paraissent établies relativement aux époques de construction de la cathédrale; il reste à indiquer les différents changements ou annexes qui sont survenus dans la suite.

J'ai parlé de l'état alarmant des fondations qui, plusieurs fois, fit craindre pour l'existence même de l'édifice; on se trouva donc dans la nécessité, toutefois quand le trésor le permit, d'apporter quelque remède à une pareille situation. Les premiers mauvais effets qui ont dû se manifester sont probablement le hors d'aplomb des murs de la nef du côté du nord : en tendant une ligne d'une extrémité à l'autre sur la balustrade du couronnement, on constate un déversement au dehors et au milieu de la longueur, de 50 centimètres, à la naissance des voûtes. Dans tout l'édifice des accidents de même nature se sont produits; car on remarque, soit dans les grandes voûtes, soit dans celles des collatéraux ou des chapelles, des déchirements complets. Les deux clochers aussi s'écartèrent à la hauteur de la première galerie pour revenir l'un vers l'autre dans leur partie supérieure. Ils se jetèrent en même temps du côté de la place, et au quinzième siècle, probablement sous Jean de Pérouse, en 1452, et avec les secours de la nouvelle confrérie que ce prélat établit, on fut obligé de construire un arc-boutant au-devant de l'ogive qui séparait le grand portail du petit portail de gauche; cette ogive fut aussi remplie par un mur plein, et le petit portail, écrasé par le poids du clocher, fut reconstruit. Les ouvertures inférieures des deux clochers furent fermées sur les quatre faces et on laissa seulement subsister quelques petites barbacanes pour permettre à la lumière d'y pénétrer; les voûtes à la hauteur du triforium et celles au-dessus, toutes lézardées, finirent par tomber et ne furent pas rétablies, de sorte qu'aujourd'hui la tour du nord est à jour du haut en bas et celle du sud n'a conservé qu'une seule voûte. Quelques planchers seulement relient les murs des deux clochers.

Plusieurs fenêtres, trois de la façade princicipale et quelques

1. Le chœur de Séez rappelle beaucoup par l'extrême élégance de ses trumeaux, points d'appui, meneaux, celui de l'église St-Urbain de Troyes.

autres dans le transept, furent garnies de meneaux flamboyants, les anciens compartiments ayant fléchi sous le poids des ogives.

On sait que la confrérie de Saint-Gervais et Saint-Protais subsista jusqu'au milieu du seizième siècle; c'est probablement vers ce temps que l'on construisit un arc-boutant et un contrefort semblable à celui du clocher du nord, mais plus élevé, pour soutenir le clocher du midi; il fut placé au-devant de l'arc ogival qui sépare le portail central de celui de droite; cette ogive elle-même avait été fermée précédemment, ainsi que les deux des extrémités du porche, de sorte que les trois portails n'eurent de communication entre eux que par de petites ouvertures que l'on réserva à cet effet. On eut aussi le projet d'établir une voûte d'arête au-dessus de l'entrée de la nef où repose l'orgue, afin de relier les deux tours : on en posa les premières assises, mais elle ne fut jamais achevée.

Les chapelles du chœur, polygonales, étaient séparées en dehors par un vide assez profond, mais les craquements qui s'opérèrent sur tous les points et qui augmentèrent chaque jour, firent adopter un système général de consolidation pour tout le chevet. Ces intervalles entre les chapelles furent donc remplis en massifs qui, dépassant les balustrades des chapelles, reçurent un couronnement doublant de la sorte les anciens contreforts qui avaient cédé aux efforts de la voûte du chœur.

Une modification de la plus grande importance vint encore dans la suite défigurer l'aspect des façades latérales; je veux parler du sommet des transepts. Leurs murs principaux avaient, comme je l'ai dit, perdu leur équilibre, le mur de face du transept sud s'était ouvert dans toute sa hauteur en deux endroits différents; les contreforts s'étant écartés à droite et à gauche, il en résulta deux énormes lézardes qui aujourd'hui doivent faire craindre de nouveaux accidents; la rose dans cette circonstance plongea au dehors et la balustrade qui la couronne éprouva un tassement considérable : aujourd'hui cette balustrade forme une courbe convexe dont la flèche est de seize centimètres. Au-dessus un mur pignon recevait l'arrivée du comble, il était flanqué de deux grands clochetons ; cette disposition se retrouve dans l'ancienne gravure d'un bréviaire publié en 1737 par J.-C.-A. Lallemant, évêque de Séez (Breviarium Sagiense). Cette construction ne put résister à tant d'échecs et le pignon finit par être supprimé : actuellement le transept sud se termine par la balustrade. Le comble est fermé par une croupe.

La façade du transept nord n'affecte pas tout à fait la même disposition : la rose est couronnée par une petite voûte surbaissée qui paraît très ancienne, elle porte des moulures semblables à celles environnantes, les contreforts sont au nu de cet arc et plus larges que ceux du midi ; la balustrade vient ensuite qui termine le tout. Dans une autre gravure du même bréviaire cette face est représentée avec des différences sensibles ; l'arc de cercle subsiste ; mais au-dessus vient un pignon portant immédiatement sur l'arc ; une balustrade est indiquée à moitié de la hauteur du pignon avec une ouverture qui y donnait accès. On fut sans doute obligé de supprimer ce pignon comme on l'avait fait au sud ; on reconnaît facilement à l'appareil autour de la rose et par en haut, que des restaurations et même des changements ont été faits dans ces diverses parties. Dans l'intérieur, le transept nord se composait de trois voûtes d'arêtes et d'une moitié de voûte dont la clef était au-dessus de la rose ; cette partie voûtée aussi en arête fut rétablie en berceau, vraisemblablement au moment où l'on entreprit toutes ces réparations.

C'est sans doute avant la destruction des pignons et dans le seizième siècle que l'on adopta autour des transepts un système de chaînage apparent : il consistait en fortes barres de fer carré assemblé avec clefs et posées sur le sol même des galeries ; une grande partie de ces barres fut supprimée en 1789 afin de soulager, disait-on, ces constructions trop légères pour supporter un poids aussi considérable.

Un portail assez remarquable donnait entrée dans le transept au sud, il avait souffert aussi comme les parties voisines, lorsque M. d'Argentré, qui avait fait construire un superbe palais épiscopal en 1778, vint le cacher aux regards des Sagiens, en 1783, en faisant construire une galerie pour se rendre à couvert dans la cathédrale. C'est M. Saussol, successeur de M. d'Argentré, qui acheva la galerie telle qu'elle est aujourd'hui. A l'intérieur il fit exécuter devant cette entrée et vis-à-vis, dans l'autre transept, deux portes à colonnes avec entablement et attique d'ordre dorique mutulaire selon le goût malheureux de ce temps ; ces deux hors d'œuvre achevèrent de défigurer notre admirable vaisseau [1]. La charpente des grands combles fut refaite aussi vers le même temps.

Une autre construction fut accolée au nord de la nef ; destinée

1. Ils ont disparu depuis longtemps.

aux fonts baptismaux, circulaire à l'intérieur, elle date de la fin du dix-huitième siècle; on ne peut que regretter l'existence de cette chapelle[1].

Enfin, au seizième siècle et en 1789, les coups du vandalisme portèrent principalement sur le magnifique portail dont j'ai parlé plus haut : la Vierge fut renversée, les bas-reliefs brisés, les archivoltes, qui étaient remplies de figures et d'ornements, furent transformées en gorges lisses et nues; enfin, cet admirable tableau disparut pour faire place à de simples murailles, où cependant, au moyen des traces encore visibles, l'artiste trouve de quoi se réjouir, quand il peut oublier l'acharnement qui a présidé à une pareille destruction.

IV

DISPOSITIONS PARTICULIÈRES QUI DOIVENT DE PRÉFÉRENCE<br>FIXER L'ATTENTION.

Avant de m'occuper des restaurations entreprises à la cathédrale de Séez depuis la Révolution, il me reste à signaler quelles sont les parties de ce monument remarquable qui offrent le plus d'intérêt.

L'axe du chœur et celui de la nef, brisés au transept dans beaucoup de cas, sont sur une seule et même ligne droite dans la cathédrale de Séez.

Les bas côtés diffèrent de largeur d'environ 32 centimètres; celui du midi est le plus étendu.

Il n'existe pas de crypte ancienne sous le chœur; beaucoup d'évêques cependant ont été inhumés dans cette partie. La couverture d'un tombeau existe du côté gauche du chœur dans le bas côté : c'est celui de Camus de Pontcarré, mort en 1614; ses armes sont sculptées aux deux extrémités; on n'a pas fait de recherches suffisantes pour savoir quels sont les corps placés derrière cette pierre; on n'ignore pas cependant que l'évêque Serlon (1091) y fut enterré, ainsi que Louis du Moulinet (1564), le poète Bertaud (1606) et Jean de Forcoal (1671). MM. Turgot (1711) et Saussol (1819) y prirent également place. Les anciens du pays rapportent qu'à

1. Dédiée à saint Gervais.

cette dernière inhumation on trouva dans la fouille un pavage en carreaux de terre cuite et qu'un autre semblable fut trouvé aussi dans les fondations des contreforts du clocher sud sur la face latérale. Le sol de la cathédrale actuelle a peu varié, le banc qui existe dans les bas côtés de la nef et les bases des colonnettes des chapelles l'indiquent parfaitement. Quand M. Alavoine fut chargé des travaux de réparation, il s'occupa du dallage actuel; dans son rapport à l'évêque de Séez, du 14 novembre 1824, il s'exprime ainsi : « Le pavage était composé de mauvaises dalles et de carreaux de diverses espèces de pierre sans symétrie, un grand nombre de carreaux étaient décomposés ou brisés, ce qui avait produit des trous qui rendaient la circulation dangereuse, etc. » Se trouvait-il parmi ces débris des pierres tumulaires? C'est fort possible, car on sait que beaucoup d'inhumations avaient lieu dans l'église; dans le plan de François Larchet, une figure gravée sur une pierre tombale est indiquée dans la chapelle de la Vierge. Aujourd'hui, il ne reste aucune trace de pierres de ce genre.

Il existe dans la nef, le transept et le chœur de la cathédrale, à deux hauteurs différentes, deux lignes de circulation parfaitement bien établies, et au moyen desquelles on peut faire le tour de l'édifice : l'une, qui est le triforium dont j'ai parlé plus haut, et au-dessus un passage au bas des fenêtres. Ce passage devient intérieur ou extérieur, suivant que les grandes verrières sont au nu du triforium ou en retraite de sa profondeur ; ce passage a donné lieu dans le chœur, où il est extérieur, à une décoration qu'on rencontre assez rarement ; du côté de l'église sont les meneaux à verrières de couleur, et, vis-à-vis, les meneaux principaux, reproduits sans subdivisions, sans chapiteaux et même sans moulures : deux montants isolés à pans coupés portent trois ogives encadrées par celle de la fenêtre qui couvre le passage. En maints endroits, des petites portes de communication sont réservées dans l'épaisseur des murs. Dans les bas-côtés de la nef un passage semblable à celui dont il vient d'être question, mais intérieur, a été ménagé au-dessus de la série d'arcatures qui supporte les fenêtres; il est à remarquer seulement que du côté gauche le passage est plus élevé au-dessus du sol, les arcatures sont plus hautes et, par conséquent, les fenêtres moins longues, dispositions dues au cloître qui, de ce côté, était contigu à l'église.

Les vitraux du chœur sont très remarquables. Chaque lancette est divisée dans sa hauteur en trois parties : au centre, une grande figure couronnée par un pinacle à crochets très serrés et une inscription, le tout peint des couleurs les plus vives; au-dessus et au-dessous, un simple semis en grisailles et quelques autres ornements. Malheureusement, ces vitraux sont incomplets, en mauvais état et réparés avec des verres provenant d'ailleurs; on y remarque cependant Osmond, qui suivit Guillaume le Bâtard à la conquête de l'Angleterre et qui, évêque de Salisbury, aumôna quelques terres à la cathédrale et fit don à l'évêque de la seigneurie même de la ville pour en jouir après sa mort. Il y a trois saint Pierre, trois saint Paul, une sainte Vierge avec l'Enfant et plusieurs évêques qu'il est difficile de reconnaître actuellement. D'autres vitraux, du quatorzième siècle aussi, sont épars dans les chapelles du chœur, dans les transepts; saint Augustin, saint Julien le Pauvre y sont représentés. Il existe, nous l'avons dit, dans la première travée du bas-côté du chœur, à gauche, une chapelle ouverte sur le bas-côté et sur le transept; elle renferme deux verrières à peu près complètes : dans le milieu de l'une d'elles, on reconnaît Jean de Belesme, trente-deuxième évêque, qui est regardé comme le fondateur du monument, quoiqu'il mourut dans la première moitié du onzième siècle.

J'ai déjà parlé de la beauté des portails, de la façade principale, je dois ici les citer encore comme une des parties les plus intéressantes du monument. Celui de droite est mieux conservé, il a été préservé à cause, sans doute, d'une construction particulière qui le cachait aux yeux des profanateurs pendant la Révolution; cette maison tomba en 1823. J'appellerai particulièrement l'attention sur ce petit chef-d'œuvre.

Des portes en bois de chêne ornent encore les baies du grand portail et celle de ce dernier; elles sont composées de plusieurs étages d'arcatures en ogive, trilobées, portant sur des colonnettes annelées à mi-hauteur, principe dont l'absence est complète dans le reste de l'édifice; les espacements des colonnettes varient suivant la largeur des planches qui forment le fond; elles font couvre-joints. Ces portes ne sont pas en si mauvais état qu'elles ne puissent être restaurées.

On voit, dans l'intérieur de la cathédrale de Séez, une disposition unique, croyons-nous : dans les tympans entre les ogives de la nef, il existe une rosace à six lobes devant laquelle passe la colonnette qui supporte la retombée des voûtes; elle a une profondeur d'environ 20 centimètres avec ses moulures jusqu'à un mur en pierre rapporté[1] ; derrière ce mur de remplissage et dans les reins des voûtes des bas côtés, on remarque deux petits passages séparés par une forte pile qui affecte la forme d'un pentagone, et qui communiquaient avec la rosace ; elles sont fermées aussi en mauvaise maçonnerie et auront été supprimées, sans doute, lorsque les murs, dont l'épaisseur est cependant de 1$^m$,50, ont fléchi. Une cause spéciale a dû présider à cet arrangement, plutôt nuisible à la solidité, à l'endroit où il est situé. Les colombes dont on a parlé et qu'on laissait s'échapper dans des moments donnés, n'avaient-elles pas par là une issue dans la nef, ou encore des voix ou des instruments de musique ne venaient-ils pas par ces divers endroits se mêler aux chants du chœur? On ne peut rien affirmer à cet égard ; je me contente simplement de signaler cette curieuse disposition.

L'intérieur de la cathédrale de Séez renferme peut-être quelques peintures, mais on l'ignore jusqu'à présent ; cependant, il existe encore des traces de figures peintes sur des losanges en pierre rapportés sur quelques points d'appui des collatéraux ; ces pierres sont situées à environ 3 mètres au-dessus du sol, elles ont 72 centimètres de hauteur ; il en existe quatre dont les figures sont assez bien conservées : sur un fond rouge, parsemé de fleurs de lys et encadré d'un large filet vert, se détache une figure d'ange nimbée, drapée de bleu et de blanc et qui tient une croix sur sa poitrine ; ces figures sont d'un assez beau style et peuvent dater de la fin du quatorzième siècle[2]. Ce sont des croix de consécration. D'autres peintures à l'huile, du dix-septième siècle, décorent les arcatures des chapelles du chœur : ce sont de saints personnages, des évêques cachés sous le badigeon ; leur valeur artistique est peu considérable. J'ai parlé de la sculpture peinte des portails. Les branches en teinte neutre pâle portent des feuilles vert Véronèse, et des raisins noirs se détachent sur un fond violet laqueux ; ce parti est général dans toute l'ornementation. La grande corniche extérieure du transept porte encore les traces de différents tons, les

---

1. Cotman, qui en publiait le dessin en 1822, les représente pleines ; elles étaient donc déjà bouchées à cette époque.

2. La pierre en losange placée dans l'axe de la chapelle de la vierge présente un sujet beaucoup plus compliqué au milieu duquel est un Christ bénissant.

quatre-feuilles qui l'ornent étaient alternativement remplis de rouge, de vert et de noir.

Deux choses dans la façade principale méritent encore de fixer l'attention. Au-dessus du porche s'élevait une galerie détruite aujourd'hui et dont on aperçoit encore quelques restes sur les deux petits portails : de légères colonnettes appliquées contre un mur supportaient une suite de dais richement découpés qui recouvraient de grandes statues nimbées; entre le nimbe et le dais, le mur, assez mince, était percé par un trèfle à jour. Cette galerie, horizontale sur les petits portails, devenait rampante sur celui du milieu, dont l'ogive est plus élevée; quelques bases étagées sur cette ogive constatent encore l'ancienne existence de la galerie. Elle retournait sur la face latérale du porche et sur celle des clochers, comme on le voit sur les gravures du bréviaire de l'évêque Lallement. Cette jolie décoration a été supprimée dans les restaurations du commencement du siècle. La façade se termine par une galerie composée de cinq ogives principales devant lesquelles étaient placées quatre statues; les chapiteaux sont de niveau, mais les sommets des ogives sont placés sur une courbe gracieuse, de manière que celle du milieu soit la plus élevée; il n'y a pas de fronton sur chaque division, l'ogive seule, garnie d'une crête très ouvrée, se détache sur le ciel; il en résulte l'effet le plus heureux.

Un autre bâtiment en ruines, qui faisait partie du chapitre et dans lequel on reconnaît le passage d'architectures différentes, est situé près de la cathédrale dont il n'était séparé que par le cloître; il n'offre rien de remarquable, qu'une grande peinture presque effacée et placée sur le mur pignon, du côté du Levant; une figure de Christ assise, de grandeur naturelle, d'un fort beau caractère, est peinte dans un cercle; quatre autres cercles plus petits, renfermant les symboles des évangélistes, entourent le premier et sont reliés entre eux par de gros enroulements; il est présumable que d'ici à fort peu de temps cette peinture n'existera plus [1].

Il serait facile de s'étendre davantage sur les beautés que renferme l'église cathédrale de Séez, je crois avoir indiqué cependant les choses les plus remarquables.

---

1. Très peu de temps après la rédaction de ce rapport, et pendant mon séjour à Séez, le sommet de ce pignon, poussé par la charpente, s'est écroulé subitement.

## V

#### RESTAURATION MODERNE, DEPUIS 1817 JUSQU'EN 1849.

C'est vers 1817 que le gouvernement commença à s'occuper activement de la cathédrale de Séez. **M.** Alavoine, architecte de Paris, fut chargé de la direction des travaux. Il commença par entreprendre la restauration du clocher du nord, qui menaçait le plus, ainsi que celle des arcs-boutants de la nef jusqu'au transept du même côté. Il refit au clocher des contreforts depuis le bon sol, à 5 mètres au moins de profondeur, jusqu'à la corniche de la première galerie de la façade ; les contreforts étaient placés précédemment dans le prolongement des murs des tours à angle droit, c'est-à-dire qu'il y en avait deux sur chaque angle, suivant l'usage, et l'édifice se trouvait ainsi précédé d'un porche ; il changea cette disposition, pour ne faire qu'un contrefort, qu'il plaça sur l'angle même, dans la direction de la résultante des poussées ; il les entoura, par le bas, de constructions considérables : des massifs en pierre de taille, ayant de 4 à 5 mètres d'épaisseur, et parfaitement inutiles, puisqu'ils ne passent pas sous les anciens murs et sont placés entre les points d'appui, furent construits à grands frais ; le même travail eut lieu pour les arcs-boutants de la nef ; il prolongea ce système de massifs avec une épaisseur semblable sur toute la longueur du collatéral nord jusqu'après la chapelle dite de saint Gervais.

Les contreforts étaient jadis couronnés de clochetons différents, qui furent tous refaits sur un modèle unique (il ne reste aujourd'hui que deux des anciens auxquels on n'a pas touché). Je n'ai pas besoin de dire que l'ornementation ne fut pas exécutée dans le style qu'on avait sous les yeux.

La flèche du nord fut refaite ensuite, mais on ne la reconstruisit qu'à partir de 3 ou 4 mètres de sa base ; aujourd'hui, la partie inférieure de la flèche et le sommet de la tour, avec la balustrade, sont dans un très mauvais état de conservation. Deux travées et demie de la voûte de la nef, dans son entier, furent refaites, ainsi que la flèche du Midi, qu'on établit alors de la même hauteur que celle du nord.

Vers 1840, on commençait la restauration du clocher du midi ; le même parti pour les contreforts fut adopté, et les mêmes massifs, avec plus d'étendue seulement, à cause du sol, dont la pente, de ce côté, est plus rapide, furent exécutés.

M. Delarue avait succédé à M. Alavoine ; il ne resta chargé que trois années de cet important travail ; M. Dedaux vint ensuite et acheva le travail commencé, ainsi que le premier arc-boutant de la nef, au midi, et son contrefort ; les quatre autres contreforts, de ce côté jusqu'au transept, furent repris entièrement avec les arcs-boutants.

Il y a, je crois, trois observations principales à faire sur cette restauration moderne. La première, relative à l'emploi de la fonte, dont le premier architecte fit un usage regrettable. L'édifice et particulièrement les contreforts restaurés étaient primitivement ornés de colonnettes en pierre provenant des carrières des Bonshommes ou de Chailloué ; ces colonnettes furent remplacées par d'autres en fonte qui en grande partie subsistent encore aujourd'hui. Il n'est besoin de faire ressortir l'inconvénient matériel qui est résulté de ce nouveau genre de réparation : bien que l'on ait pu régulièrement entretenir de peinture à l'huile ces nouveaux supports, l'oxyde ne s'en échappe pas moins et chaque jour il menace la pierre neuve d'une ruine prochaine. Mais sous d'autres rapports, a-t-on cru pouvoir parvenir à tromper l'œil au moyen d'une couche de blanc ? N'est-il pas facile de reconnaître au premier aspect que les matériaux sont différents ? On ne s'arrêta pas là : un chapiteau nouveau fut composé et il fut fondu ainsi que toutes les colonnettes à remplacer ; les couronnements des pinacles, des clochetons avaient besoin d'un ornement ; on imagina un trèfle en fonte pour les terminer ; enfin tous les crochets des flèches jusqu'au chou épanoui du sommet furent fondus sur un même modèle et assemblés dans la pierre dure, qui pourtant avait plus vécu que ne durera cet informe accouplement.

C'est à la restauration des arcs-boutants du sud que s'arrêta l'emploi de la fonte ; l'architecte auquel fut confiée la suite de ce travail lui substitua une espèce de pierre qu'on n'avait pas encore employée à la cathédrale, celle des carrières d'Aubigny, près Falaise.

La seconde observation que l'on peut faire sur la restauration moderne est relative à l'écoulement des eaux. L'eau des chaîneaux du grand comble de la nef allait, au moyen des arcs-boutants, traverser les contreforts et se déverser sur le sol au moyen de gargouilles en pierre dure dont il n'existe plus de traces. Du côté du nord on plaça des tuyaux de descente en zinc depuis la balustrade supérieure jusqu'au sol en leur faisant suivre les versants des bas côtés et les saillies de l'architecture, quand on n'entaillait pas celles-ci, de façon qu'il n'est pas rare de voir cinq ou six coudes au même tuyau. Au midi, au contraire, l'eau s'échappe du chaîneau de la nef et court sur l'arc-boutant jusqu'à l'axe du contrefort où elle trouve un tuyau de fonte large de 16 centimètres, noyé dans la maçonnerie, et qui porte un dauphin par en bas pour sortir sur la face latérale dudit contrefort. Voici deux systèmes qui ont chacun leurs inconvénients, et quoiqu'ils aient été signalés bien souvent, je ne puis m'empêcher de rappeler l'aspect des tuyaux de zinc suivant pas à pas les moulures ou les corniches et l'autre effet que devra produire plus tard un tuyau contre-coudé et abandonné ainsi dans un massif d'une épaisseur considérable.

Une troisième observation portera sur l'appareil de la pierre employée dans la restauration.

La pierre de Chailloué a servi pour la plus grande partie du monument; comme je l'ai dit, elle est d'une fort bonne nature et d'un petit appareil; les carrières de Saint-Martin-des-Champs produisent une excellente pierre aussi, beaucoup plus haute de banc et qui a été employée dans presque toute la restauration nouvelle; un appareil plus grand que l'ancien a été adopté : il peut avoir depuis 40 jusqu'à 60 centimètres, les assises supérieures étant plus basses que les autres, tandis que les anciennes assises n'ont que 30 centimètres au plus; il en résulte naturellement un manque d'harmonie qu'on éviterait bien certainement dans une construction neuve; comment ne s'y croit-on pas obligé dans une restauration? Je ne passerai pas non plus sous silence un soubassement en granit, idée tout à fait moderne, qu'on a placé sous les façades latérales; avec un assainissement du sol et un pavage tout autour de l'édifice, ne pouvait-on pas éviter une telle dépense et un effet semblable, qui nuit d'autant plus au monument qu'il affecte un style tout différent [1] ?

1<sup>er</sup> septembre 1849.

1. De 1850 à 1852, l'auteur de cette note a restauré le transept du sud. Les trois côtés de ce transept, dont les murs ont plus de deux mètres d'épaisseur et vingt-cinq mètres de hauteur, furent repris en sous-œuvre;

il en reconstruisit toutes les fondations sur une hauteur de six mètres, et refit, d'après ses propres inspirations, le pignon de la façade et les grands clochetons qui l'accompagnent, parties qui avaient disparu depuis longtemps[1].

Un nouveau projet du même architecte, comprenant la restauration du transept du nord, fut approuvé en 1870. Les travaux n'étaient achevés qu'en 1880[2].

L'ancien mur de façade du transept, bâti en 1127, avait été conservé dans son ancienne hauteur ; au quatorzième siècle on avait construit au-dessus la belle et grande rosace, inscrite dans un carré, qui s'y fait remarquer.

La démolition de la sacristie, élevée au dix-huitième siècle et adossée à cette façade, fit connaître l'ancienne porte d'entrée romane méconnaissable et les trois fenêtres au-dessus ; les contreforts avaient été supprimés ; l'incendie dont il a été question avait été tellement violent que les pierres des parements tombaient en poussière, et, d'autre part, le sol lui-même avait cédé ; l'architecture de cette façade romane avait d'ailleurs perdu tout son intérêt. Quant à la partie surélevée au quatorzième siècle, elle avait tellement souffert des tassements, qu'il n'a pas été possible de la conserver, non plus que le mur roman[3].

On a trouvé dans la partie inférieure, et dans un trou de boulin, deux sceaux en plomb, ayant tous les deux, sur une de leurs faces, la même empreinte dont le caractère est byzantin. Les têtes de saint Paul et de saint Pierre, vues de trois quarts et nimbées en pointillé, sont séparées par une croix au-dessus de laquelle on lit : SPASPE (*Sanctus Paulus,*

1. Cette façade se compose, dans la partie inférieure, d'un portail dont le tympan représente l'histoire de la sainte Vierge, et au dessus duquel règne une galerie surmontée d'une grande rosace inscrite dans un carré à jour, l'une et l'autre vitrées en couleur, et portant un simple chéneau avec balustrade. Sur la paroi intérieure du mur de cette façade, un arc concentrique à la grande rosace a été élevé pour supporter le pignon qui est orné d'une rosace plus petite éclairant le comble. Ce pignon est, par conséquent, en second plan et solidement établi. Les clochetons qui l'accompagnent, à huit pans, sont formés de pieds droits monolithes ; quelques-uns des tambours de leurs flèches sont également monolithes. et en font ainsi une construction des plus durables.

La façade du transept sud, quoique un peu moins étendue que celle de Notre-Dame de Paris, a une assez grande analogie avec elle.

2. Le portail est plus simple que celui du sud ; son tympan est à jour afin d'éclairer le tambour placé sous la tribune adossée au mur. La galerie et la rosace, d'un dessin aussi tout différent, se trouvent en second plan ; le pignon, lui, est au premier plan sur un arc concentrique avec la rosace ; les clochetons, octogones, sont légèrement en encorbellement sur le sommet des contre-forts et reliés entre eux par un chéneau avec balustrade passant au bas du pignon.

3. Le mur ouest de ce transept nord a été conservé en entier. ainsi que les trois côtés du transept sud, mais ils ont été repris en sous-œuvre. Les deux murs nord et est du transept nord ont été démolis et remontés en se servant des matériaux utilisables. Ces travaux, confiés à des entrepreneurs intelligents et très-soigneux, ont donné les meilleurs résultats, malgré les très grandes difficultés qu'ils présentaient ; aucun tassement ne s'est jamais produit.

*Sanctus Petrus*). Sur le revers de l'une d'elles est écrit INNOCENTIVS P.P. III; sur l'autre, HONORIVS P.P. III. On sait que ces deux papes se succédèrent; le premier mourut en 1216, le second en 1227. Nous ne voyons, par ces dates, dans la présence de ces sceaux sur ce point, rien qui se rattache directement à la fondation de la cathédrale; séparés de deux bulles détruites, ils furent peut-être jetés, comme étant inutiles, dans l'endroit où ils ont été retrouvés.

Les fouilles pratiquées depuis dans l'intérieur de cette partie de la cathédrale, à quatre et cinq mètres de profondeur, ont mis à découvert une grande quantité de poteries antiques, et une sorte de fourneau muni de nombreux conduits en briques.

(Extrait d'un article publié par nous dans le *Bulletin mensuel de la Société centrale des architectes*, décembre 1872, p. 261 et suivantes.)

FIN.

12216. — Imprimerie A. Lahure, rue de Fleurus, 9, à Paris.

www.ingramcontent.com/pod-product-compliance
Ingram Content Group UK Ltd.
Pitfield, Milton Keynes, MK11 3LW, UK
UKHW022358120726
13694UKWH00005B/1960